# Die
# bürgerliche Eheschließung.

## Zwei Berichte
über die
## obligatorische Civilehe
erstattet dem Deutschen Juristentag

von

Prof. Dr. Gneist.

Separatabdruck aus den Verhandlungen des VIII. Deutschen Juristentags.

Berlin, 1869.
Verlag von J. Guttentag.

# I.

# Verhandlungen

## der vereinigten I. und II. Abtheilung des Juristentags.

Heidelberg, am 26. August 1869.

1. Vorsitzender: Prof. Dr. **Gneist**.
2. Vorsitzender: Oberappell.-Gerichtsrath Dr. **Drechsler**.

---

Berichterstatter Dr. **Gneist**: Der Antrag des Herrn Dr. Hilse, die Civilehe als einzig berechtigte Eheschließungsform anzuerkennen und das connubium zwischen Christen und Nichtchristen freizugeben, ist durch Beschluß des vorjährigen Juristentags behufs einer weiteren Vorbereitung durch Gutachten von der Tagesordnung abgesetzt.

Mit großer Bereitwilligkeit haben die Herren Proff. Dr. Wasserschleben und Dr. Friedberg diese Begutachtung übernommen, und vorbehaltlich einiger leichten Fassungsänderungen die Annahme des Antrags befürwortet. Der Herr Antragsteller selbst hat in der Zwischenzeit in einer eigenen Schrift seine Auffassung näher begründet und ausgeführt.

Der Berichterstatter wird zu demselben Resultat kommen, und hofft auf die Zustimmung des Juristentages mit dankender Anerkennung dafür, daß zwei so angesehene Kirchenrechtslehrer durch ihre Gutachten und durch ihre umfassenden früheren Arbeiten unserm Verein die so schwierige Beschlußnahme wesentlich erleichtert haben.

Eine Schwierigkeit liegt schon in dem unermeßlich weiten Umfang in der römisch-katholischen Kirche, aus Gründen mangelhafter Staatsbildung, welche der europäischen Welt in gewissem Maße gemeinsam waren. Es handelt sich dabei um drei historische Momente.

1. Die Kirche des Mittelalters repräsentirt das Fortschreiten zur Versittlichung der Ehe, zur Erhebung der Frauen aus dem rechtlichen Status der Dienstbarkeit, zur Anerkennung der Ehe der Unfreien. Und wir müssen heute noch sagen, die Kirche hatte Recht, indem sie der Eheschließung den Charakter des Kaufs abstreifte; indem sie die Ehe unter den Geschlechtsverwandten und Verschwägerten verbot; sie hatte Recht, indem sie die einseitige Verstoßung der Frau und willkürliche Scheidung hinderte; indem sie die Pflicht zur ehelichen Treue auf den Ehemann ausdehnte; indem sie deshalb die Schließung wie die Trennung der Ehe unter obrigkeitliche Kontrole stellte und damit den Charakter der bloßen Privat-Autonomie überwand, welcher der antiken Ehe noch anhaftet. Sie hat einen harten Kampf um diese Grundsätze geführt, und sie ist darin Siegerin geblieben, weil sie Recht hatte.

2. Der zweite Punkt ist: die nothwendige Einheit des Eherechts war im Mittelalter nur von der Kirche zu schaffen. Nach der Gesammtheit der damaligen Staatsverhältnisse konnte solche nur von der Kirche ausgehen. Alle weltliche Rechtsbildung des Mittelalters hatte sich nach Nationalitäten, Stämmen, Ständen so tief gespalten und particularisirt, daß nur die einheitliche Kirchengewalt die endlosen Conflicte widersprechender Eherechte zu überwinden im Stande war. Wo die Kirche nicht hinreichte — in den ehelichen Güterverhältnissen und in den Wirkungen der Ehe für die Standesrechte, — leidet Deutschland noch heute an den Nachwehen einer zerrissenen Rechtsbildung. Die Kirche blieb Siegerin in einem langen Kampfe, weil sie allein die Einheit des Eherechts erstrebte und zu schaffen vermochte.

3. Der dritte Punkt war, daß die Permanenz der obrigkeitlichen Gewalt, deren es bedurfte, nur in der Kirche zu finden war. Unter der Jurisdiction der weltlichen Gerichte, d. h. unter der Rechtsfindung der Gemeindegenossen, hätten alle Ehegesetze nur leges imperfectae werden können. Um ihre Grundsätze von den Ehehindernissen, von Ehescheidung, um den Rechtsschutz und die Rechtsgleichheit des schwächeren Theils in bestehender Ehe durchzusetzen, war nur die Kirche mit ihrem permanenten Beamtenthum befähigt. Und schon aus diesem Grunde bedurfte es der Ausdehnung geistlicher Gerichtsbarkeit auf das gesammte persönliche Eherecht.

Diese neue Rechtsordnung der Ehe hatte die Kirche aber zu schaffen für Zeiten und Völker, deren Sitten- und Culturzustand sehr tief unter dem Niveau unserer Zeiten stand. Der Roheit, Sinnlichkeit und Unwissenheit gegenüber konnten ihre Sittengebote nur als kategorische Imperative wirksam werden. In diesem Sinne hat die Kirche die Sacramentalität der Ehe langsam, stückweise aber consequent fortgebildet und im XII. Jahrhundert vollendet. Aus der Sakramentsnatur folgte nun die geistliche Gerichtsbarkeit und die Unwiderruflichkeit des Ehebundes mit der absoluten Gültigkeit des kirchlichen Dogmas. In weiterem Zusammenhange damit stand die immer dringendere Empfehlung einer kirchlichen Eingehung, die aber niemals Vorbedingung, sondern nur feierliche Bestätigung des durch den Consens begründeten Ehebandes sein sollte.

Eine unbefangene Würdigung dieser historischen Hergänge führt zu unserer

V. Thesis. Die Gründe der Identifizirung der Rechtsordnung und der sittlichen Ordnung der Ehe sind schrittweise in Wegfall gekommen seit den Zeiten der Reformation.

Es gilt dies dem endlichen Resultat nach von allen 3 Momenten.

Die sittlichen Momente des Eherechts, welche die mittelalterliche Kirche eingeführt, sind principiell von der Staatsgesetzgebung aufgenommen. Der entscheidende Grundsatz der obrigkeitlichen Kognition über Eheschließung und Ehetrennung ist längst gemeinen Rechts. Das canonische Verbot der Ehe unter Verwandten war aber für die alte Geschlechtsverfassung ergangen und dem entsprechend bis auf den 7. Grad ausgedehnt, also bis zum 14. Grad römischer Rechnung, d. h. dem Resultat nach zu einem practischen Verbot aller Verwandtenehen in nachweisbaren Graden. Seit der Auflösung der Geschlechtsverfassung hatte schon Innocenz III. das Verbot vom 7. bis auf den 4. Grad beschränkt.

Immer noch hatte die Kirche ihre Gesetze für Völkerschaften sehr ungleicher Culturstufe zu erlassen. Sie glich dies aus durch ein System von massenhaften Dispensationen, welche wiederum eine Quelle des Sportulirens und der Verwaltungsmißbräuche wurden.

Die Reformation hat zu einer Revision dieser Grundsätze vom Standpunkte der deutschen Culturverhältnisse geführt und die Ehe direct gestattet, wo die katholische Kirche indirect durch Dispensationen nachhilft. Die evangelischen Scheidungsgründe haben sich analog den Trennungsgründen von Tisch und Bett entwickelt. Die volle Scheidung evangelischer Seits ist freilich dem Mißbrauch ausgesetzt; nicht minder sind es aber die von katholischer Seite so überreichlich gewährten Nullitätsgründe, die unter der Form der Nichtigkeit die volle Ehetrennung gewähren. Die evangelische Kirche hat in gewissenhafter Forschung die Sacramentsnatur und das Scheidungsverbot in der Bibel nicht zu finden vermocht. Sie kann mit Sicherheit auf die sittlichen Erfolge ihres Eherechts verweisen, welches weder im Ganzen, noch im

Einzelnen, in Sitte und häuslicher Zucht dem katholischen nachsteht. Die Staatsgesetzgebung mußte daher das beiden Theilen Gemeinsame zur Regel erheben; sie hat in der That ihre sittliche Aufgabe erfüllt, wenn sie sich dem freieren, weiteren Princip anschließt. Sie wahrt damit auch die Gewissensfreiheit; denn im dogmatischen Streit über das Mehr oder Weniger bleibt es der katholischen Kirche unbenommen, ihre strengeren Grundsätze auf kirchlichem Gebiet festzuhalten.

Der zweite Punkt ist der, daß die nothwendige Einheit des Eherechts nicht mehr in der Kirche zu finden ist, sobald der Grundsatz der Toleranz, und fortschreitend der Grundsatz der Parität, eine Mehrheit von Kirchen und eine Vielheit von Sekten in einem Gemeinwesen zusammenführt. Derselbe entscheidende Grund, der im Mittelalter das einheitliche Eherecht der Kirche überwies, führt heute zur Nothwendigkeit einheitlicher Staatsgesetzgebung.

Dasselbe gilt drittens von der Gestaltung obrigkeitlicher Organe. Die zur Beglaubigung der Eheschließung, zur Prüfung der Ehehindernisse, zur Cognition über Scheidungsgründe, zur Handhabung der gesammten Ehejurisdiction geeigneten Organe sind nur in der heutigen Staatsbildung vorhanden; nicht mehr in der an schweren Mißbräuchen zu Grunde gegangenen kirchlichen Gerichtsbarkeit.

Alle diese Umwandlungen der Stellung sind seit der Reformation in Europa ziemlich übereinstimmend und unabhängig vom Dogma eingetreten. Sie mußten zum Uebergang der Ehegesetzgebung und Rechtsprechung von der Kirche auf den Staat führen, in analogem Gange, wie solche entstanden war. Hatte im Mittelalter die Kirche in staatlichen Formen sich staatliche Rechte appropriirt: so hat bei der Umkehr der Staat die kirchlichen Organe und Gewalten sich untergeordnet und appropriirt, unter Beibehaltung alter Namen und Formen. Die Ehebehörden und Kirchenordnungen wurden ihrer Besetzung und Wirksamkeit nach durchweg landesherrliche Einrichtungen und Organe, in welchen die Kirche als Beauftragte des Staats in strenger Unterordnung unter den Staat fungirte. Es wurde damit gewonnen die allen germanischen Völkern eigenthümliche Continuität der Rechtsentwicklung, bei welcher die Volkssitte auf diesem Gebiete in allen Richtungen äußerlich unverändert blieb.

Gerade in diesem Stadium der mediatisirten Kirchengewalt hat sich nun aber eine neue Auffassung gebildet, welche die rechtliche Wirksamkeit der Ehe als durch die kirchliche Trauung bedingt ansieht. Im XVIII. Jahrhundert erst hat die deutsche Gesetzgebung und Praxis diesen neuen Grundsatz der Eheschließung adoptirt, — in einer Periode, in welcher der Staat der kirchlichen Organe so vollständig Herr geworden war, daß an einen möglichen Widerspruch zwischen beiden Gewalten kaum mehr gedacht wurde.

Diese Uebereinstimmung kann aber keine dauernde sein; denn die Kirche kann und soll nicht unter staatlicher Bevormundung bleiben, auch nicht um den Preis der hergebrachten Ordnung des Eherechts. Sie erstrebt die Befreiung von dieser Vormundschaft in kirchlicher Verwaltung mit vollem Recht. Wird sie erreicht, so entsteht nun aber ein Zwiespalt im Eherecht. Es entsteht das Dilemma, daß entweder der Staat die Kirche zur Befolgung seiner Grundsätze durch äußeren Zwang nöthigen, oder umgekehrt, daß der Staat seine Gesetze den Satzungen der einzelnen Kirchen unterordnen soll. Das Erstere widerspricht der Freiheit der Kirche. Das Zweite widerspricht dem Wesen des Staats, der seine Gesetze den einander widersprechenden kirchlichen Geboten nicht unterzuordnen vermag, auch wenn er dies wollte.

Dies Dilemma ist es, welches im Fortgang des Streits zur grundsätzlichen Auseinandersetzung der Rechtsordnung und der sittlichen Ordnung des Eherechts treibt, wobei die Rechtsordnung dem Staat, die sittliche Ordnung der Kirche zu folgen hat.

Das führt mich zu unserer VI. Thesis: Die Natur der staatlichen Rechtsordnung fordert nunmehr unter den heutigen Verhältnissen eine Eheschließung unter staatlicher Autorität und nur diese.

Ist die rechtliche Gestaltung der Ehe Sache der staatlichen Gesetzgebung, so muß auch die Eingehung der Ehe den Charakter eines bürgerlichen Rechtsacts annehmen, entsprechend allen anerkannten Verhältnissen des modernen Staats. Die rechtlichen Gesichtspunkte, auf die es bei der Eheschließung ankommt, sind folgende drei:

Zunächst die nothwendige Oeffentlichkeit zur Ermittlung von Ehehindernissen und Einspruchsrechten. Diese Oeffentlichkeit war durch die kirchlichen Aufgebote zu erreichen, so lange in jedem Gemeinwesen nur eine Kirchengemeinschaft bestand. Bei getrennten Confessionen und gespaltenen Sekten entbehrt die kirchliche Oeffentlichkeit der nothwendigen Allgemeinheit. Es bedarf vielmehr der darüber stehenden Staatsorgane, (heute sogar der Zuhülfenahme der Presse), um eine wirkliche Oeffentlichkeit zu erhalten.

Es bedarf ferner einer rechtlichen causae cognitio im Fall vorhandener Ehehindernisse und erhobener Einsprüche. Die dazu nöthige Rechts- und Geschäftskenntniß vermag nur der Staat in den von ihm bestellten Behörden zu finden; während die Geistlichkeit der verschiedenen Confessionen eine Vorbildung und gleichmäßige Garantie dafür keineswegs darbietet.

Es kommt endlich auf eine öffentliche Beglaubigung des Eheschließungsaktes an, welche mit allgemeiner rechtlicher Wirkung nur durch Organe zu geben ist, welche dem Staate verantwortlich sind, nicht mehr durch die dem Staate nicht verantwortliche Geistlichkeit der getrennten Kirchen und Sekten.

Das sind die entscheidenden Punkte, und in der Hauptsache sind diese Gesichtspunkte auch längst anerkannt durch die Rückkehr der Jurisdiktion über Ehesachen an die staatlichen Behörden. Es war nur die Macht einer liebgewonnenen Gewohnheit, welche die alte Weise der Vorbereitung und Beglaubigung der Eheschließung beibehielt. Allein auch diese ehrwürdige Sitte — man mag zu ihrem Lobe sagen, was man will, wir sind damit einverstanden, — läßt sich so stellen, daß man dem Staate giebt, was des Staates, der Kirche was der Kirche ist.

Und dem entspricht nun die letzte und VII. Thesis:

Neben der allgemeinen rechtlichen Ordnung hat eine besondere sittliche Ordnung der Ehe ihr Recht und ihr Organ in den einzelnen Kirchengesellschaften, und diese sittliche Seite wird in der gewohnten kirchlichen Eheschließung nach wie vor ihre begleitende Form finden.

Sobald der Staat sich nämlich nicht mehr mit einer Kirche identifiziren, nicht mehr einer Kirche unterordnen kann, entstehen unabänderlich Differenzen zwischen den rechtlichen und den kirchlichen Erfordernissen und Wirkungen der Ehe. Das Mehr oder Weniger kann hier auf beiden Seiten liegen. Enthält die kirchliche Ordnung ein Weniger, so kann eine Auflehnung gegen das Staatsverbot nicht geduldet werden, und schon aus diesem Grunde muß die bürgerliche Eheschließung der kirchlichen stets vorangehen, weil sie vorweg die absoluten staatlichen Verbotsgesetze zu wahren hat. Enthält sie aber — die kirchliche Ordnung – ein Mehr, ist die kirchliche Forderung die strengere, so bleibt es ihr unbenommen, sich geltend zu machen auf kirchlichem Gebiet und mit kirchlichen Mitteln ihrem Wesen gemäß. Die katholische Kirche — um immer auf diesen Streitpunkt zurückzukommen — kann also ihre strengeren Eheverbote durch Lehre, Abmahnung, Censur, ja, wie sie es wirklich thut, durch Exkommunikation handhaben. Sie kann ihre strengeren Grundsätze von der Ehescheidung, ihr Verbot der Wiederheirath der Geschiedenen geltend machen mit gleichen Mitteln. Die Erfahrung zeigt, daß diese Mittel wirksam sind, und es entspricht einer würdigen Auffassung der Kirche, daß wer zu ihren Glaubenslehren sich bekennt, auch ihren Sittenvorschriften sich fügen soll, daß es wenigstens nicht Sache des Staats ist, Religionsgenossen gegen die Sittengebote ihrer eignen Kirche zu schützen, — der Kirche, der sie durch freie Wahl zugehören.

Dieselbe Auffassung gilt auch für die kirchliche Trauung. Legt die Kirche mit Recht ein Gewicht auf die kirchliche Segnung des Ehebundes, so kann und wird sie solche durch kirchliche Mittel auf kirchlichem Gebiet erzwingen. Die kirchliche Trauung ist in Frankreich nach Einführung der Civilehe ebenso die Regel geblieben wie vorher; ihre Unterlassung unter Katholiken ist vielleicht seltener als unter dem früheren Recht die Schließung von Winkelehen neben der gesetzlichen Form. Dieselbe Erfahrung — wie uns alle unsere Mitglieder bestätigen werden — wiederholt sich in den deutschen Rheinprovinzen. Sie gilt auch ebenso von der evangelischen wie von der katholischen Kirche. In der bayerischen Rheinpfalz beispielsweise zählte man bei 300,000 protestantischen Einwohnern in einem fünfjährigen Zeitraum nur 16 protestantische und 28 gemischte Ehen ohne kirchliche Trauung. In Oldenburg ergaben sich nach Einführung der alternativen Civilehe unter 6000 Eheschließungen nur 28 Civilehen, darunter 23 Baptisten und Methodisten, 5 gemischte Ehen, während alle katholischen, alle evangelischen, alle jüdischen Ehen die geistliche Einsegnung nachgesucht hatten.

Nun, meine Herren, so gering dieser Bruchtheil der nicht getrauten Ehen ist, so groß ist die Bedeutung dieses Bruchtheils für das Eherecht. Dieser Bruchtheil enthält einerseits ein Motiv für die Geistlichkeit, dem Ehesegen nicht willkürliche, ungesetzliche Bedingungen zu setzen. Dieser Bruchtheil giebt andererseits den kirchlichen Trauungen insgesammt den Charakter der frei erfüllten Gewissenspflicht; erst dies Verhältniß giebt der Trauung ihre wahre religiöse Weihe, ihren sittlichen Werth, ihre wirkliche Bedeutung.

Die kirchlich gebilligte und kirchlich geschlossene Ehe gestaltet sich damit zu einem engeren konzentrischen Kreise im Gebiet der allgemeinen bürgerlichen Gesetzgebung, sie wird in diesem neueren Verhältniß ein matrimonium ratum im kirchlichen Sinn, — in einem Kreise, in welchem die strengeren Anforderungen zur Geltung kommen, welche die Konfession für sich stellt, welche aber die Staatsgewalt als Rechtsregel zu erzwingen Bedenken getragen hat. Diese Geltung der kirchlichen Gebote im engeren Kreise durch die Mittel der Lehre und Zucht entspricht durchaus dem Wesen der Religion und der kirchlichen Gebote.

Und hier erst tritt der eigentliche, der von unseren Gegnern in der Regel verschobene Streitpunkt hervor. Er liegt darin, daß die Gegner weltliche Zwangsmittel beanspruchen zur Aufrechterhaltung ihrer konfessionellen Ehe-Ordnung. Direkt oder indirekt, durch Rechtszwang oder Rechtsverweigerung, soll der Staat eine besondere Ordnung der Ehe erzwingen, welche nicht seine eigene ist. Er soll Vollstrecker der Beschlüsse einer Kirchengewalt sein, die ihre Ordnung sich selbst setzt, ohne Rücksicht auf andere Kirchen, andere Rechte, andere Ueberzeugungen. Solche Bestrebungen gehören in der That nicht dem religiösen Leben, sondern sie gehören dem polizeilichen Kastengeist zu, der stets von „Gewaltthätigkeit", „Profanation" und „Entchristlichung" spricht, wo die Staatsgewalt nicht Dienerin seiner Herrschaft sein will.

Unwahr sind dabei ebenso die Voraussetzungen, wie unrechtlich die Mittel.

Unwahr ist zunächst die Voraussetzung, als ob die Trauung, Ehesegnung (benedictio) jemals ein Erforderniß der Eheschließung nach katholischem Kirchenrecht gewesen, oder als ob gar der Trauungsakt das Ehesakrament darstellte. Ebenso unwahr die von den evangelischen Zionswächtern aufgestellte Behauptung, „daß die christliche Kirche von Anfang her die kirchliche Einsegnung geordnet und daß keine christliche Kirche es anders kenne, als daß die Ehe eingesegnet werden müsse." Mit dieser falschen Voraussetzung verfahren unsere Gegner ungefähr ebenso wie der Pseudo-Isidor, der schon im Mittelalter seine angeblichen Canones über die kirchliche Eheschließung erfunden hat.

Die Wahrheit ist, daß erst die deutsche Gesetzgebung des achtzehnten Jahrhunderts die kirchliche Trauung als bedingende Form der Ehe eingeführt hat: unsere Gegner stellen sie wie eine altchristliche Glaubenslehre dar, während sie als ehebedingende Form dem katholischen, dem lutherischen, dem reformirten Dogma gleich fremd ist.

Das bürgerliche Gebot der Trauung erging in einer Zeit der vollständigsten Staatsherrschaft über die Kirchen; es gab den Geistlichen eine Vertrauensstellung für eine vom Staate vorgeschriebene Form, welche der Staat nicht versagen kann ohne Rechtsverweigerung. Unsere Gegner behandeln diese neu geschaffene öffentliche Funktion als ein kirchliches „Gnadenmittel", welches die Geistlichkeit nach freiem Ermessen gewähren und versagen könne.

Der Staat war nicht befugt, die durch das bürgerliche Gesetz zu Eheschließungsbeamten gemachte Geistlichkeit von den bürgerlichen Gesetzen zu entbinden, ohne ein anderes Organ für die Ausführung der bürgerlichen Gesetze zu bestimmen, wie das z. B. auch in Preußen geschah, als das Landrecht die katholische Geistlichkeit von der Trauung geschiedener Ehegatten dispensirte, gleich hinzufügend das Organ, welches an die Stelle treten soll. Noch im Jahre 1845 erachtete die große Mehrzahl der preußischen Konsistorien die evangelischen Trauungsweigerungen vom staatlichen, wie vom theologischen Gesichtspunkt aus für nicht gerechtfertigt. Von den beiden Justizministern erklärte sich der eine für, der andere gegen Zwangsmaßregeln wider die Trauverweigerer. Von da an indessen wurden bei uns im Norden nur noch die

Forderungen der kirchlichen Parteien gehört, während die Vertreter der gesetzlichen Ordnung verstummten. Die Staatsgewalt verzichtete auf Zwangsmittel gegen die Trauverweigerer, ohne an die Erfüllung ihrer Rechtspflichten zu denken.

In diese durch die Rechtsverweigerung entstandene Lücke drangen nun die kirchlichen Bestrebungen ein, die in sehr bequemer Weise durch Trauverweigerung strengere Grundsätze des Eherechts, neue Ehehindernisse, neue Grundsätze der Ehescheidung einführten, und sich dessen rühmten als einer neuaufgerichteten Kirchenordnung und kirchlichen Freiheit. Auf diesen Grundlagen steht noch heute das Kirchenregiment in Preußen und das durch die Kabinetsorder vom 8. Juni 1857 gebildete — wie es Friedrich Wilhelm IV. nannte — „christliche Eherecht, wie solches im Worte Gottes begründet ist".

Auf diesem Wege entstand jener Knäuel theologisch-juristischer Streitpunkte, zu dessen Lösung der öffentlichen Meinung allerdings nichts übrig blieb als das Schlagwort der „Trennung von Kirche und Staat" im Allgemeinen, und die Forderung der „Civilehe" im Besondern. In der Ausführung dieses Postulats sind aber bisher drei verschiedene Wege eingeschlagen worden.

Die erste Weise der Lösung bildet eine sogenannte Noth-Civilehe, wie sie in früheren Jahrhunderten in Frankreich gestattet, nun auch in Deutschland neben die kirchliche Trauung gestellt ist,

1. entweder für Solche, welche die kirchliche Trauung nicht zu erlangen vermögen — in Württemberg, Baden, Anhalt und nach Gesetz vom 25. Mai 1868 in Oesterreich,
2. oder für die Ehen der Dissidenten in Preußen, Weimar, Gotha, Bernburg und nach Gesetz vom 20. Mai 1868 in Bayern,
3. oder speziell für die Ehen zwischen Juden und Christen in Braunschweig, Sondershausen, Lübeck ꝛc.

Daß die letzteren, sobald einmal die bürgerliche Gleichheit der Glaubensbekenntnisse ausgesprochen ist, rechtlich nicht verweigert werden können, ist ebenso selbstverständlich wie andererseits, daß vom kirchlichen Standpunkt aus diese Ehen mit besonderer Abneigung angesehen werden. Es empfiehlt sich sicher nicht, gerade für eine von beiden Seiten kirchlich verworfene Ehe eine besondere Eheschließungsform einzuführen. Es ist aber auch für die weiteren Fälle wahr, daß die Nothcivilehe den gehässigen Charakter der Ausnahmsregel an sich trägt, daß sie den Konflikt zwischen Staat und Kirche schärft, daß jede einzelne Nothcivilehe die wunde Stelle des staatlichen Lebens bloßlegt, daß sie eine Entwerthung des bürgerlichen

Rechtsakts darstellt, welche der Würde der Staatsgewalt und der bürgerlichen Gesetzgebung widerspricht.

Die zweite Lösung durch die fakultative Civilehe stellt allgemein den Betheiligten die Wahl zwischen der hergebrachten kirchlichen und der bürgerlichen Trauung, mit gleicher rechtlicher Wirkung. Diese alternative Stellung der Formen hat ihre Vorgänge in den besten Rechtsbildungen, im altrömischen, im neuenglischen Recht. Sie empfiehlt sich als schonender Uebergang in das neuere konsequente Rechtsprinzip. Sie ist auch in Oldenburg und Hamburg, sowie in einzelnen Schweizerkantonen neuerdings eingeführt ohne sichtbare Uebelstände. In Preußen schien auf diesem Wege die Lösung des Konflikts möglich, da schon im Jahre 1849 auch die Gegner die alternative Civilehe acceptirt hatten. Die neue Aera in Preußen hatte im Anschluß daran die Gesetzentwürfe von 1860 und 1861 eingebracht, die in zwei Sessionsperioden des Abgeordneten-Hauses mit großer Majorität angenommen, im Herrenhause mit noch größerer Majorität verworfen wurden. Die früheren Zugeständnisse und Anträge dieser Seite waren dabei gänzlich vergessen. Sie verdienen jedoch noch einmal in Erinnerung gebracht zu werden. Der Antrag Stahl, Uhden und Genossen zur Revision der Verfassungs-Urkunde lautete:

> „Die bürgerliche Gültigkeit der Ehe wird durch deren Ab-
> „schließung von dem dazu bestimmten Civilstandsbeamten, oder
> „durch die kirchliche Trauung der Religionsgesellschaften, die bisher
> „hiezu berechtigt waren, begründet; Mitglieder der letzteren haben
> „die Wahl zwischen beiden Formen."

Der Antrag v. Uechtritz und Genossen lautete:

> „Die bürgerliche Gültigkeit der Ehe wird nach freier Wahl
> „der Betheiligten durch die kirchliche Trauung, oder durch deren
> „Abschluß von den dazu bestimmten Civilstandsbeamten bestimmt."

Dank dem Verhalten dieser Partei bleibt nunmehr nur die dritte Lösung übrig: die obligatorische Civilehe — die normale Eingehung als bürgerlicher Rechtsakt, neben welchem die begleitende Trauung den Kirchenordnungen überlassen bleibt. Zu diesem Austrag der Frage ist es überall gekommen, wo der Konflikt des Staats und der Kirchen unter sich die vermittelnden Uebergänge durchbrochen hat. Frankreich ist durch die Revolution zur grundsätzlichen Auseinandersetzung getrieben, die sich aber bewährt, mit der Volkssitte consolidirt und sicher erhalten hat; ebenso in Belgien und Holland. Das neue Königreich Italien ist durch seine unmittelbaren Kämpfe mit dem Papstthum zu gleicher Lösung geführt worden. Die gleiche Lösung hat die deutsche National-Versammlung gesucht, deren Grundrechte indessen durch die politische Rückströmung rückgängig wurden.

Vollständig erhalten blieb die Civilehe nur in Frankfurt a. M., darüber hinaus nur in der abgeschwächten Gestalt der fakultativen oder der Nothcivilehe.

Inzwischen treibt die kraftvolle Vereinigung unseres Kleinstaatenthums zur Staats- und Rechtseinheit zu grundsätzlichen Lösungen auch auf diesem Gebiet. Die absolute Verwerfung aller Civilehen durch Papst Pius IX. und die streng katholische Partei, das gleiche Verhalten der orthodox-evangelischen Seite haben die Gegensätze zu so voller Schärfe gebracht, daß kein vermittelnder Uebergang mehr Platz findet. Die Gesetzgebung kann unter den heutigen Verhältnissen nur die dauernde und grundsätzliche Lösung erstreben durch Rückkehr zu dem in den deutschen Grundrechten und in vielen deutschen Verfassungen bereits sanctionirten Grundsatz.

Bei der Ausführung werden allerdings die durch ernste Erfahrungen empfohlenen Modalitäten zu beachten sein: die bürgerlichen Aufgebote möglichst einfach und zugänglich zu gestalten, — die bürgerliche Eheschließung auf einfache Beurkundungen ohne Nachahmung kirchlicher Trauungsformen zu beschränken, — die kirchliche Trauung more majorum unverändert folgen zu lassen, — die hergebrachten Stol-Gebühren unverändert zu lassen. Doch wir sprechen nicht von der Ausführung, sondern vom Grundsatz, und in diesem Grundsatz kann ich nur unseren Gutachten darin beistimmen, daß eine gründliche Auseinandersetzung zwischen Staat und Kirche das nothwendige Resultat der Stellung ist, welche die katholische Kirche den Auffassungen, Zuständen und Bedürfnissen der Gegenwart gegenüber festhält. Ich muß hinzufügen, daß evangelischer Seits dem Resultat nach ebenso viel geschehen ist durch die bis zum heutigen Tage herrschende Richtung des Kirchenregiments. Beide Richtungen werden aber sicherlich noch überboten werden durch die Beschlüsse eines allgemeinen Concils, welches durch eine überwältigende Majorität romanischer Prälaten und durch die in Rom herrschende Richtung für die Bedürfnisse des deutschen Rechtswesens, deutscher Sitte und deutscher Kultur keinen Raum gewährt.

Der deutsche Juristentag wird seinerseits sorgfältig jede Verletzung des Glaubens und des Gewissens zu vermeiden haben. Er muß der Sakramentsauffassung der Ehe, dem Gebot der kirchlichen Trauung, der Untrennbarkeit des Ehebunds dieselbe Achtung entgegenbringen, wie jedem religiösen Dogma und rechtschaffenen Glauben. Er muß sie walten lassen in ihrem Kreise.

Was wir dagegen verlangen müssen, ist das Walten der gemeinsamen bürgerlichen Gesetzgebung über Eheschließung und Ehetrennung in der äußeren rechtlichen Welt, die rückhaltlose Unterordnung unter die bürgerlichen Gesetze, welche das Erzeugniß des Jahrhunderte langen Zusammenlebens unserer Confessionen, die Frucht unseres staatlichen und kirchlichen Seins, unseres nationalen Rechtsbewußtseins darstellen.

Hochberühmte Namen unserer Juristenwelt, wie unser dahingeschiedene aber unvergeßliche Mittermaier, haben mit dem aufrichtigen persönlichen Glauben auf kirchlichem Gebiet die Forderung der Civilehe vereint. Sie haben mit uns anerkannt, daß alle über das gemeinsame bürgerliche Recht hinausgehende Forderungen den Kirchenordnungen überlassen bleiben müssen, wenn sie nicht in Widerspruch treten sollen mit den nothwendigen Rechten der Staatsgewalt, der bürgerlichen Rechtsgleichheit, dem anderen Confessionen gebührenden Rechtsschutz.

Die für uns höchste Aufgabe, das nationale Recht und die nationale Sitte zu hegen und zu wahren, kann nur eine einheitliche, keine zwiespaltige Gewalt lösen. Dies Einheitliche kann aber nur die bürgerliche Gesetzgebung, die bürgerliche Gerichtsbarkeit, die bürgerliche Eheschließung sein.

Ich komme damit zu meinem Conclusum: der deutsche Juristentag wolle die Ueberzeugung aussprechen,

1. die Civilehe ist als die dem Verhältniß von Staat und Kirche in Deutschland entsprechende nothwendige Form der Eheschließung anzuerkennen,
2. mit allgemeiner Einführung der Civilehe ist auch das Ehehinderniß wegen Religionsverschiedenheit aufzuheben.

Ich bitte Sie, meine Herren, um Genehmigung dieser Anträge.

---

Nach Erledigung einiger geschäftlichen Zwischenverhandlungen sind die obigen Anträge ad I. und II. auf Fragestellung des Präsidenten Dr. Drechsler von der Abtheilung einstimmig genehmigt.

---

II.

# Zweite Plenarversammlung

des

# Achten Deutschen Juristentages.

## Heidelberg, am 28. August 1869.

Vorsitzender: Geheimrath Professor Dr. Bluntschli.

---

Berichterstatter Dr. **Gneist***): Meine hochverehrten Herren! Ich kann in die Erörterung der Frage der Civilehe nicht eintreten, ohne vorweg mit dankender Anerkennung, auch im Sinne der Abtheilung, zu erwähnen, daß zwei so hoch angesehene Kirchenrechtslehrer, wie unsere Begutachter, die Herren Dr. Wasserschleben und Dr. Friedberg, durch ihr Gutachten und durch ihre früheren Schriften der Abtheilung die Beschließung über die schwierige Frage wesentlich erleichtert haben.

In der Sache kann ich ausgehen von der feststehenden rechtlichen und sittlichen Natur der Ehe, und will nur an die historische Erscheinung anknüpfen, daß in den meisten Rechten eine flüssige Grenze zwischen der rechtlichen und der sittlichen Ordnung der Ehe besteht. Sie erscheint überall da, wo die ganze Bevölkerung, oder wenigstens die Freien, die herrschende Klasse, ein und derselben Kirchengemeinschaft zugehören. Es entsteht

---

*) Dieser Bericht ist als abgekürztes Resumé trotz der Wiederholungen mitabgedruckt, weil er die Motive für den Beschluß der Plenarversammlung ergiebt.

2

daraus unabänderlich ein Ineinanderwachsen der rechtlichen und sittlichen Seite der Ehe.

Am stärksten tritt dies hervor im Mittelalter, in welchem die rechtliche und sittliche Ordnung der Ehe nahezu identifizirt war in der römisch-katholischen Kirche, und zwar aus Gründen mangelhafter Staatsbildung, welche den deutschen Staaten mit den übrigen europäischen Völkern bis zu einem gewissen Grade gemeinsam waren. Es sind drei historische Momente, um welche es sich dabei handelt.

Das erste: die Kirche des Mittelalters repräsentirt den Fortschritt zur sittlichen Erhebung der Ehe, zur Erhebung der Frau aus dem Rechtsstatus der Dienstbarkeit, zur rechtlichen Anerkennung der Ehe der Unfreien. Die Kirche war im Recht, wenn sie die Monogamie durchführte, wenn sie der Eheschließung den Charakter des Verkaufs abstreifte, wenn sie die Ehe unter Verwandten und Verschwägerten verbot, wenn sie die einseitige Verstoßung der Frau, die willkürliche Scheidung hinderte, wenn sie die Pflicht zur ehelichen Treue gleichmäßig auf den Mann ausdehnte, wenn sie ebendeshalb die Ehe sowohl hinsichtlich der Schließung als der Trennung der obrigkeitlichen Cognition unterwarf. — So wahr dies Alles ist, so wahr ist es, daß seit dem Mittelalter die Verhältnisse andere geworden sind. Die sittlichen Momente, welche durch die Kirche zur Geltung gekommen, sind später in die positive Gesetzgebung aufgenommen worden. Das entscheidende Prinzip der obrigkeitlichen Cognition über Eingehung und Trennung der Ehe ist seit Jahrhunderten gemeinen Rechtens. Das Verbot der Verwandtenehe, welches, in Voraussetzung der mittelalterlichen Geschlechterverfassung, bis zu einem Verbot aller Verwandtenehen in praktisch nachweisbaren Graden ausgedehnt war, ist schon von der Kirche selbst auf den 4. Grad beschränkt. Da die katholische Kirche indessen für Völker sehr ungleicher Kulturstufe Gesetze zu erlassen hatte, so half sie sich durch massenhafte Dispensationen. Die Reformation hat eine Revision dieser Grundsätze vom Standpunkte der deutschen Kulturverhältnisse in dem Sinn herbeigeführt, daß, was die eine Kirche durch Dispensation gestattet, die andere gesetzlich erlauben will durch feste Normativbestimmungen. — Unsere Ehescheidungsgründe sind analog den Trennungsgründen von Tisch und Bett entwickelt. Die volle Scheidung, welche die protestantische Kirche gestattet, ist allerdings dem Mißbrauche ausgesetzt; nicht weniger sind dies aber die massenhaften Nullitätsgründe der andern Kirche. Unsere evangelische Kirche hat in gewissenhaftester Forschung die sacramentale Natur der Ehe und das absolute Verbot der Scheidung in der heiligen Schrift nicht zu finden vermocht. Sie kann sich mit voller Sicherheit berufen auf das Resultat; denn im Ganzen wie im Einzelnen steht in Beziehung auf den sittlichen Charakter der Ehe und die Zucht der

Familie die eine Kirche der andern nicht nach. Die Staatsgesetzgebung hat daher recht gethan, nur das beiden Kirchen Gemeinsame, mithin das freiere Prinzip, zum rechtlich bindenden Grundsatz zu erheben.

Der zweite historische Punkt betrifft die nothwendige Einheit des Eherechts. Diese Einheit war im Mittelalter nur zu schaffen, wenn man die Bildung des Eherechts der Kirche überließ. Alle Rechtsbildnng des Mittelalters erschien nach Nationen, Stämmen und Ständen so zerklüftet und particularisirt, daß nur in der Kirche das einheitliche Recht zu finden war, welches über die Mißstände eines zerrissenen Eherechts hinaushalf. Wo die Kirche nicht hineingereicht hat — in die ehelichen Güter- und Standes-Verhältnisse — da leidet Deutschland noch heute an den Nachwehen einer zersplitterten Rechtsbildung. — So wahr das Alles ist, so gewiß ist es, daß heute das Gegentheil dieser Verhältnisse eingetreten ist. Die Einheit des Eherechts konnte von der Kirche nicht mehr repräsentirt werden von dem Augenblicke an, wo der Grundsatz der Toleranz, der weiter fortschreitende Grundsatz der Parität, eine Mehrheit von Kirchen und eine Vielheit von Secten in dasselbe Staatswesen einführte. Von nun an entscheidet derselbe Grund, der im Mittelalter das einheitliche Eherecht der Kirche überwies, für die Nothwendigkeit einer einheitlichen Gesetzgebung des Staates.

Das dritte historische Moment bildet die nothwendige Permanenz des Beamtenthums, deren es im Mittelalter bedurfte, um die neuen Grundsätze des Eherechts zur Geltung zu bringen. Unter der weltlichen Rechtsprechung, unter der Rechtsfindung der Gemeindegenossen, hätten die neuen Grundsätze der Ehe immer nur leges imperfectae bleiben können. Die Kirche nur mit ihrem stehenden Beamtenthum konnte ihre Reformen zur vollen Geltung bringen. Sie mußte ebendeshalb ihre Gerichtsbarkeit über das ganze Ehewesen ausdehnen. — So wahr das ist, so sicher ist es, daß auch dieses Verhältniß sich umgekehrt hat. Die obrigkeitlichen Organe für diese Jurisdiction sind heute in den fortgeschrittenen Staatseinrichtungen zu finden, aber nicht mehr in der an schweren Gebrechen zu Grunde gegangenen geistlichen Gerichtsbarkeit.

Worauf kommt es bei der Eheschließung von der rechtlichen Seite überhaupt an?

Zunächst auf die Oeffentlichkeit der Vorbereitungsstadien der Eheschließung. Diese absolut nothwendige Oeffentlichkeit war einst im kirchlichen Aufgebote zu finden, so lange in einem und demselben Staatswesen nur eine Kirche alle Glieder in einem Complex zusammengehörender Gemeinden vereinigte. Sowie dagegen eine Mehrheit von Kirchen, eine Vielheit von Secten das religiöse Leben des Volkes trennt, so entbehrt die kirchliche Oeffentlichkeit der Wahrheit. Die nothwendige Oeffentlichkeit kann nur der darüberstehende Staat durch seine Organe schaffen, im heutigen Leben sogar nur noch unter Zuhülfenahme der Presse.

Es kommt ferner an auf die rechtliche causae cognitio über erhobene Einsprachen und Ehehindernisse. Die dafür nothwendige Gesetz- und Geschäftskenntniß konnte man im Mittelalter bei den Klerikern suchen. Im heutigen Gemeinwesen ist nur der Staat im Stande, die nöthigen Organe zu bilden, während die Geistlichen der verschiedenen Confessionen weder die Garantien der Vorbildung noch auch die Garantien sorgfältiger, geschäftlicher, gleichmäßiger Handhabung darbieten.

Es kommt endlich an auf eine öffentliche Beglaubigung des Eheschließungsaktes. Das war es, was auch die katholische Kirche im Tridentiner Concil mit Widerstreben als nothwendig erkannte. Diese nothwendige Beglaubigung ist heute nur zu geben durch öffentliche, dem Staate für die Befolgung der Ehegesetze verantwortliche Beamten, nicht mehr durch die dem Staate unverantwortlichen Geistlichen der Kirchen und Secten.

Alle diese Umwandlungen sind seit der Reformation in Europa ziemlich gleichartig und unabhängig vom Dogma eingetreten. Sie mußten zum Uebergang des Eherechts und der Ehegerichtsbarkeit von der Kirche auf den Staat führen und zwar wie immer im analogen Gange, in dem die kirchliche Gesetzgebung und Gerichtsbarkeit entstanden war. Hatte die Kirche im Mittelalter in staatlichen Formen staatliche Rechte sich appropriirt, so hat bei der Umkehr der Staat kirchliche Organe und kirchliche Gewalten sich untergeordnet und appropriirt. Unter Beibehaltung der alten Namen und Formen war zuletzt im 18. Jahrhundert die Ehebehörde und die Kirchenordnung durchweg ein Organ und eine Einrichtung der landesherrlichen Gewalt. In strenger Unterordnung unter den Staat fungirte die Kirche in den Ehefragen als Beauftragte der Staatsgewalt. Es wurde damit etwas erreicht, was germanischen Stämmen in der That eigen ist: eine Continuität der Rechtsbildung in familienrechtlichen Beziehungen, eine Conservirung der dem Volke liebgewordenen Formen und Symbole der Eheschließung.

Gerade in diesem Stadium der Mediatisirung der Kirchengewalt durch den Staat, ist nun aber eine neue Vorschrift der Eheschließung zur Geltung gekommen, welche die rechtliche Wirksamkeit der Ehe als bedingt ansieht durch die Trauung, Segnung, Benediction. Sie war als reglementarische Vorschrift, als Forderung der Kirche schon im Mittelalter gestellt, aber nicht als mehr, — nicht als ehebedingende Form. Als ehebedingende Form ist die Trauung dem Dogma völlig fremd, — etwas dem Katholischen, Lutherischen wie Reformirten Dogma gleich Fremdes. Die Behauptung des Gegentheils ist eine unwahre Unterschiebung. Erst gegen Ende des 18. Jahrhunderts, als der Staat der kirchlichen Organe vollständig Herr geworden, ist durch die bürgerliche Gesetzgebung und Praxis die Trauung als ehebedingende Form, also durch weltliches Recht introducirt worden — in einer Zeit, in welcher die Unterordnung der Kirche so vollständig feststand, daß man an die Möglichkeit des Widerspruchs beider Mächte kaum mehr dachte, wie namentlich auch der Hergang der Redaktion des preußischen Landrechts ergiebt.

Diese thatsächliche Uebereinstimmung kann aber keine dauernde sein; denn die Kirche kann und soll nicht unter der verwaltenden Bevormundung des Staats sein und bleiben. Sie erstrebt ihre Befreiung von dieser Art Bevormundung mit vollem Rechte, und die Kirche selbst ist es gewesen, die an dieser Stelle den Pakt gebrochen hat durch eine Reihe systematisch fortgesetzter Trauungsweigerungen. Katholische Hierarchie und evangelische Geistlichkeit haben ihrerseits dem Staat gekündigt und die Nichtidentität von Staat- und Kirchengewalt zur Geltung gebracht. Wir wollen im Augenblick nicht untersuchen, ob mit Recht oder Unrecht. Die Thatsache liegt aber unzweifelhaft vor, daß die Initiative der Auseinandersetzung zwischen Staat und Kirche von der letzteren ausgegangen ist.

Sobald dies geschehen, entsteht das Dilemma, in welchem die Eheschließung heute steht: daß der Staat entweder die Kirche zur Befolgung seiner Grundsätze durch äußeren Zwang anhalten, oder daß der Staat seine Gesetze den sich widersprechenden Satzungen der Kirche unterordnen soll. Das Erstere widerspricht der Freiheit der Kirche; das Zweite widerspricht dem Wesen des Staates, der sich widersprechenden Anforderungen der Kirche nicht unterordnen kann, auch wenn er es wollte.

Dieses Dilemma ist es, welches in seinem Fortgange unfehlbar zur grundsätzlichen Auseinandersetzung der rechtlichen und sittlichen Ordnung der Ehe führen muß, und in dem nun nothwendigen Theilungsverfahren wird die rechtliche Ordnung der Ehe dem Staate, die sittliche Ordnung der Kirche folgen, entsprechend der Natur beider.

Diese Scheidung, welche in der Hauptsache, d. h für die Ehegesetzgebung und Ehejurisdiction, in den deutschen Staaten längst die ausgesprochene Regel ist, blieb nur noch im Rückstand bei der Frage nach der Eheschließung, bei welcher die naturwüchsige Einheit staatlicher und kirchlicher Grundsätze möglichst lange conservirt wurde. Nachdem die Einheit aber gelöst ist, muß die Auseinandersetzung sich auch in den Formen der Eheschließung vollziehen. Die bisherigen Versuche in dieser Richtung lassen sich kurz bezeichnen als die Noth-Civilehe, die fakultative, die obligatorische Civilehe.

Die erste Weise der Lösung bildet die sogenannte Nothcivilehe, welche in Deutschland zur Geltung gekommen ist in drei etwas verschiedenen Stellungen: entweder für solche, die den kirchlichen Segen nicht zu erlangen vermögen, so in Württemberg, Baden, Anhalt und seit dem Mai 1868 in den österreichischen Staaten: oder für die Ehen der Dissidenten, so in Preußen, Weimar, Gotha, Bernburg, seit dem Mai v. J. in Bayern: oder speziell für die Ehe zwischen Juden und Christen, so in Braunschweig, Sondershausen, Lübeck u. a. — Wir beginnen mit diesem letzteren Punkt. Meine Herren! Es ist wohl selbstverständlich, daß, wenn das connubium, „die Rechtsgleichheit unabhängig vom Glaubensbekenntniß“, einmal im Staate ausgesprochen ist, die rechtliche Möglichkeit auch dieser Mischehen gegeben sein muß. Andererseits ist es ebenso selbstverständlich, daß grade dieser Combination alle christlichen Kirchen, und ebenso auch die theologischen Sachverständigen jüdischer Seits, auf das lebhafteste widersprechen. Es empfiehlt sich nun sicherlich nicht grade für eine kirchlicherseits, und zwar von beiden Seiten verworfene Ehe die Einführung einer besonderen Eheform zu beschließen, diesem Fall zu Ehren eine neue Ehe schaffen zu wollen! Es ist aber auch für alle anderen Fälle der Nothcivilehe wahr, was unsere Gutachten nachdrücklich ausführen: daß die Nothcivilehe den gehässigen Charakter des Ausnahmerechts trägt und behält, daß sie den Konflikt zwischen Staat und Kirche schärft, daß jede einzelne Nothcivilehe die wunden Stellen bloslegt, die im Widerspruch zwischen Staat und Kirche sich gebildet haben, und daß vor Allem die sogenannte Nothcivilehe eine Herabsetzung und Entwerthung des bürgerlichen Aktes der Eheschließung enthält, welche der Würde der Staatsgewalt und der bürgerlichen Gesetzgebung widerspricht. Es haben dies Gefühl auch die meisten Gesetzgeber gehabt: es ergeben die Motive, daß man diesen für die bürgerliche Gesetzgebung verletzenden Charakter vergeblich zu coloriren bemüht war.

Die zweite Weise der Lösung ist die fakultative Civilehe. Sie stellt allgemein den Betheiligten die Wahl, entweder durch kirchliche oder durch bürgerliche Trauung vollgiltig die Ehe zu vollziehen. Diese alternative Stellung hat Vorgänge in den besten Gesetzgebungen: in der altrömischen, in der älteren holländischen, in der neueren englischen Gesetzgebung. Sie ist auch in Deutschland in einzelnen Landestheilen (Oldenburg, Hamburg) und in einzelnen Schweizerkantonen eingeführt, ohne zu sichtbaren Mißständen zu führen. — In Preußen schien auf diesem Wege die Lösung des Konflikts möglich, da schon im Jahre 1849 die einflußreichsten Gegner der Civilehe die alternative Eheschließung acceptirt haben. Die neue Aera brachte daher in Preußen in den Jahren 1860 und 1861 einen Gesetzentwurf, der in zwei Sessionen des Abgeordnetenhauses mit großer Majorität angenommen, im Herrenhause mit großer Konsequenz verworfen wurde. Alle

Zugeständnisse der Herren, die das Gesetz zum Fall brachten, waren vergessen, wie namentlich die Anträge der Herren Stahl, Uhden und v. Uechtritz und Genossen auf alternative Civilehe. Wir können sagen: Dank dem Verhalten dieser Partei sind wir nunmehr:

Zur dritten Alternative gekommen, der Lösung durch die obligatorische Civilehe, d. h. dem normalen Verhältniß der Eingehung der Ehe als bürgerlichen Rechtsaktes, neben welchem die kirchliche Trauung den kirchlichen Ordnungen überlassen bleibt. — Zu diesem Austrag der Frage ist es überall gekommen, wo der Konflikt des Staates mit den Kirchen die vermittelnden Uebergänge durchgebrochen hat. Frankreich ist durch die Revolution zur grundsätzlichen Lösung gekommen, während das ancien régime nur die Nothcivilehe acceptirt hatte. Aber die neue Schöpfung hat sich sofort bewährt, mit der Volkssitte konsolidirt und mit voller Sicherheit sich bis heute erhalten. Dasselbe Verhältniß erscheint in Belgien und Holland. Das neue Königreich Italien ist durch seinen unmittelbaren Kampf mit dem Papstthum zu demselben Grundsatz gekommen. Dieselbe Lösung haben die deutschen Grundrechte ihrer Zeit gefunden, unter hervorragender Betheiligung unseres unvergeßlichen Mittermaier. Die politische Rückströmung hat freilich auch die Grundrechte rückgängig gemacht, mit Ausnahme der Stadt Frankfurt, in welcher die obligatorische Civilehe seit jenen Jahren besteht.

Meine Herren! diese obligatorische Form ist nicht die Negation der kirchlichen Form der Eheschließung, sondern vielmehr die sachgemäße Auseinandersetzung — so nothwendig wie die Trennung der rechtlichen und sittlichen Seite im Familienrecht überhaupt. Die bürgerliche Gesetzgebung, welche die Civilehe einführt — das bestätigt die Praxis Frankreichs — geht alsbald in das Volksbewußtsein über, eben weil sie die kirchlichen Gebote und kirchlichen Ordnungen vollkommen in Ehren läßt. Sie giebt dem Staate, was des Staates ist — sie läßt aber der Kirche, was der Kirche gebührt. Ist die kirchliche Forderung die strengere, so bleibt es der Kirche unbenommen, sich geltend zu machen auf ihrem Gebiete mit kirchlichen Mitteln. Sie kann ihre strengeren Eheverbote geltend machen durch die Mittel der Lehre, der Abmahnung, der Censur, der Exkommunication. Die Grundsätze der Ehescheidung, die Nichtzulassung der Wiederverheirathung Geschiedener kann sie geltend machen mit denselben Mitteln. Die Erfahrung lehrt, daß diese Mittel wirksame sind, grade so, wie sie wirksam sein können und wirksam sein sollen.

Dieselbe Auffassung entscheidet für die kirchliche Trauung neben der bürgerlichen Eheschließung. Legt die Kirche mit Recht ein Gewicht auf die altehrwürdige, dem deutschen Volke lieb gewordene Form und Sitte der

Trauung: nun, meine Herren, sie wird auf kirchlichem Gebiet mit kirchlichen Mitteln die Trauung für ihre Glaubensgenossen in voller Wirksamkeit erhalten. Die Erfahrung bestätigt dies grade am stärksten für die Eheschließungsform. Die kirchliche Trauung ist in Frankreich nach Einführung der Civilehe ganz ebenso die Regel geblieben, wie vorher. Dieselbe Erfahrung bestätigt jeder Rheinländer für die deutschen Rheinlande. Dieselbe Erfahrung gilt in gleicher Weise für die protestantischen Länder. In der bayerischen Rheinpfalz zählte man bei 300,000 protestantischen Einwohnern in einem 5 jährigen Zeitraum nur 16 protestantische, 28 gemischte Ehen ohne kirchliche Trauung. In Oldenburg ergaben sich nach Einführung der alternativen Civilehe unter 6000 Eheschließungen nur 28 bloße Civilehen. — So gering der Bruchtheil ist, der unter dem System der Civilehe nicht getrauten Ehen, so groß ist seine Bedeutung für das Eherecht. Dieser Bruchtheil ist es, der einerseits ein Motiv bildet für die Geistlichkeit, ihrem Ehesegen nicht ungesetzliche und willkürliche Bedingungen hinzuzufügen. Dieser Bruchtheil ist es andererseits, der den kirchlichen Trauungen insgesammt den Charakter der frei erfüllten Gewissenspflicht sichert. Erst dieses Verhältniß giebt der kirchlichen Trauung ihre religiöse, ihre wahrhafte Bedeutung.

Und hier ist es, wo sich unsere Auffassung von den gewohnten Aussprüchen unserer Gegner scheidet. Der gewöhnlich verschobene Streitpunkt liegt darin, daß die Gegner der Civilehe weltliche Zwangsmittel beanspruchen zur Aufrechterhaltung ihrer besonderen konfessionellen Eheordnung. Direkt oder indirekt — durch Rechtszwang oder durch Rechtsverweigerung — soll der Staat eine besondere Ordnung der Ehe erzwingen, die nicht seine Ordnung ist. Er soll der Vollstrecker einer Kirchengewalt sein, die ihre Ordnung sich selbst setzt, ohne Rücksicht auf andere Kirchen, andere Rechte, andere Ueberzeugungen. Solche Bestrebungen, wenn sie sich ihrer Ziele bewußt sind, gehören überhaupt nicht dem religiösen Leben an, sie gehören dem polizeilichen Geist an, der sich in dem Personal der Kirche nicht weniger entwickelt als in dem der Staatsverwaltungen. Es ist der Polizeigeist des Clerus, welcher stets von „Gewaltthätigkeit", von „Profanation" und „Entchristlichung" redet, wo der Staat sich weigert, Diener seiner Herrschaft zu sein.

Die deutsche Gesetzgebung wird sich durch solche Gegner nicht mehr abschrecken und nicht mehr beirren lassen. Die kraftvolle Vereinigung unseres Kleinstaatenthums zu einem großen staatlichen Wesen treibt zu grundsätzlicher Lösung auch auf diesem Gebiete. Es wird sich dabei empfehlen, in der Ausführung gewisse Modalitäten zu beachten: bei dem bürgerlichen Akt die Form der einfachen Beurkundung zu wählen ohne Nachahmung kirchlicher Trauformen. Es wird sich empfehlen, die kirchliche Trauung more solito dem bürgerlichen Akt folgen zu lassen; sie muß folgen, weil die absoluten Verbote des Staates erst erledigt sein müssen, ehe die kirchliche Trauung eintreten kann. Es wird sich empfehlen, auch die kirchlichen Stolgebühren möglichst unalterirt zu lassen. Es sind das Fragen der Ausführung.

Wir waren nur befaßt mit dem Prinzip, und danach können wir unseren beiden Gutachten nur dahin beistimmen, daß eine grundsätzliche Auseinandersetzung zwischen Staat und Kirche das nothwendige Resultat der Stellung geworden ist, welche die katholische Kirche den Auffassungen, Zuständen und Bedürfnissen der Gegenwart gegenüber festhält. Ich muß hinzufügen, daß evangelischer Seits ungefähr eben so viel geschehen ist durch die bis heute festgehaltene Stellung des evangelischen Kirchenregiments, namentlich im Norden. Wir müssen mit Sicherheit erwarten, daß noch weiter als beide Richtungen die Beschlüsse eines allgemeinen Concils gehen werden, welche durch eine überwältigende Majorität romanischer Prälaten und durch die in Rom herrschende Richtung für die Bedürfnisse des deutschen Rechtslebens, deutscher Sitte und deutscher Kulturzustände keinen Raum haben.

Man soll uns nicht vorwerfen, daß wir um eines „Prinzips" willen die altehrwürdigen liebgewonnenen Gewohnheiten unseres Volkes störten. Nicht die freien und die nationalen Bestrebungen der deutschen Nation haben diese Aenderung zur nothwendigen gemacht, sondern die Gegner sind es, die uns gezwungen haben, diesen Weg zu wählen. Die absolute Verwerfung jeder Civilehe in jeder Stellung, in jeder Form durch die immer wiederholten Erklärungen des Papstes Pius IX. und der streng katholischen Partei, und dieselbe Richtung der orthodoxen evangelischen Seite haben die Gegensätze zu solcher Schärfe und Bestimmtheit gehoben, daß die vermittelnden Stadien keinen Raum mehr haben. Die Gesetzgebung kann, nachdem Jahrzehnte und Jahrzehnte über diesen „Kirchenkonflikt" hingegangen, keine andere Lösung mehr erstreben, als eine ganze, eine dauernde, eine grundsätzliche Lösung. Und das ist die Lösung, die in den deutschen Grundrechten, die in einer großen Zahl deutscher Verfassungen bereits feierlich sanktionirt ist. Es mögen dabei die Machtverhältnisse der einen oder anderen Geistlichkeit alterirt werden, nun und nimmer aber das, worauf es allein ankommt, das Gewissen unserer katholischen Mitbürger. Der deutsche Juristentag wird seinerseits sorgfältig jede Verletzung des Glaubens und Gewissens verhüten müssen. Er wird die Sakramentsnatur der Ehe, er wird das Gebot der kirchlichen Trauung, er wird die Untrennbarkeit des Ehebandes mit derselben Achtung und Verehrung betrachten müssen, wie jedes kirchliche Dogma. Aber was wir als Juristen verlangen müssen, das ist andererseits die Geltung der uns allen nothwendig gemeinsamen bürgerlichen Gesetzgebung über Eheschließung und über die Ehetrennung. Was wir verlangen, ist die rückhaltlose Achtung vor der Staatsgewalt in der rechtlichen Ordnung der Ehe, die Unterwerfung unter die bürgerliche Gesetzgebung, welche das Ergebniß des jahrhundertelangen Zusammenlebens unserer Confessionen, das Gesammtprodukt unseres kirchlichen und staatlichen Daseins, das Erzeugniß unseres nationalen Rechtsbewußtseins war und ist. Die für uns höchste Aufgabe, das nationale Recht und die nationale Sitte zu wahren und zu hegen, kann in Deutschland nur eine einheitliche Gewalt lösen: das ist unsere bürgerliche Gesetzgebung, unsere staatliche Gerichtsbarkeit und die bürgerliche Eheschließung.

Dies sind die Gründe für die beiden gestellten Anträge:

1. die Civilehe ist als die dem Verhältniß von Kirche und Staat entsprechende nothwendige Form der Eheschließung anzuerkennen;
2. mit allgemeiner Einführung der Civilehe ist auch das Ehehinderniß wegen Religionsverschiedenheit aufzuheben.

Die vereinigte I. und II. Abtheilung haben diese Anträge einstimmig angenommen. Sie bitten um Bestätigung dieser Beschlüsse durch die gewichtige Abstimmung dieser hochverehrten Versammlung.

---

(Diesem Bericht folgt eine Zwischenverhandlung über einen Verbesserungs-Antrag des Dr. Hilse und demnächst die folgende Abstimmung):

Präsident Geh. Rath Dr. **Bluntschli**: Ich denke, wir können zur Abstimmung schreiten und zwar würde zunächst den Anträgen der Abtheilung auch über das Amendement abzustimmen sein, welches der Kreisrichter Dr. Hilse gestellt hat.

Zuerst bringe ich zur Abstimmung Satz 1:

„Die Civilehe ist als die dem Verhältniß von Kirche und Staat in Deutschland entsprechende nothwendige Form der Eheschließung anzuerkennen."

Diejenigen Herren, welche damit einverstanden sind, bitte ich die Hand zu erheben.

(Geschieht.)

Lassen Sie uns die Gegenprobe machen. Diejenigen, die nicht mit diesem Satze einverstanden sind, wollen die Hand heben.

Meine Herren! Ich habe das bedeutsame Resultat zu constatiren, daß der Juristentag fast einstimmig — gegen 1 Stimme — diesen Satz als berechtigt und zweckmäßig anerkennt.

In Bezug auf Satz 2 ist ein Amendement eingegangen. Herr Dr Hilse beantragt die Worte: „Mit allgemeiner Einführung der Civilehe" zu streichen. Wer für Streichung ist, beliebe die Hand aufzuheben. — Es ist entschieden die Minderheit.

Wer nun mit Nr. 2, welcher so lautet:

> „Mit allgemeiner Einführung der Civilehe ist auch das Ehehinderniß wegen Religionsverschiedenheit aufzuheben"

einverstanden ist, wolle die Hand erheben. —

Gegen 1 Stimme ist auch dieser Satz angenommen.

Druck von G. Jansen, Jüdenstr. 28.

FSC
www.fsc.org
MIX
Papier | Fördert gute Waldnutzung
FSC® C083411

Kolibri 360 GmbH
Ferdinand-Jühlke-Straße 7
99095 Erfurt, Deutschland
produktsicherheit@kolibri360.de